JN091898

楽しくおぼえよう！

はじめての 手話と点字

手話

目で見る言葉

監修　東京都聴覚障害者連盟

はじめに

「手話」は「手の言葉」です。

みなさんが声でしゃべるように、耳が聞こえない人は手でしゃべります。

はるか昔、耳が聞こえない人は「言葉をしゃべれないから人ではない」と言われていました。手話が誕生したことで、聞こえない人たちも人としてみとめられるようになりました。手話は聞こえない人にとって、「命」とおなじくらい大切なものなのです。

「手話をおぼえるのって、英語をおぼえるみたいにむずかしいのかな？」と思うかもしれませんが、そんなにむずかしくはありません。みんなが自然に使っている身ぶりや、ものの形、漢字の形などがもとになっていますから、楽しくおぼえることができます。

また、手の動きだけでなく、表情やしぐさなどでいろいろな表現ができます。

この本で、手話ってどんなものか、どんな手話があって、どんなふうにあらわすのかを知ってほしいと思います。そして、聞こえない人たちのことも知って、手話や身ぶり、筆談などのいろいろな方法で、ぜひ聞こえない人たちと話してみてください。

東京都聴覚障害者連盟　事務局長　**越智大輔**

この本の見方

この本に掲載している手話の写真は、すべて右利きの人のものです。手話は、利き手を中心にして表現する人が多く、右利きの人は右手、左利きの人は左手を中心にして表現するのが一般的です。

また、手話では、単語と単語を組みあわせてべつの意味をあらわすことがあります。どんな単語が組みあわされているのか、わかるように解説しています。

※手話の表現は、年齢や性別、地域などによってちがいがあります。
この本に掲載したもの以外に、べつの表現をすることもあります。

組みあわせる手話の単語┐　　　　　手話の表現のしかた┐

おはよう（朝＋あいさつ）

朝

校のイメージ　起きるしぐさ

こぶしをこめかみにあて、頭を少しかたむける。頭をおこすのと同時に、こぶしを下にひきさげる。

あいさつ

両手の人さし指を、むかいあうように立てる。人さし指の指先を、おじぎをするようにまげる。

└ 手の形や動作の説明

手や指などの動かす方向や動かしかた

もくじ

手話って、どんなもの？

手話は、手や指、顔の表情などを使って話す言葉です。声を使って話す言葉とはちがった手話ならではの特徴があります。手話の世界をのぞいてみましょう。

目で見る言葉「手話」

手話は、耳の聞こえない人たちのあいだで発展してきた言葉です。声を使って話す言葉とはちがう歴史と文化をもっています。

手話では、手や指の動き、そして顔の表情もあわせて、気持ちやものごとを相手に伝えます。わたしたちが日ごろ使っている言葉が「口で話して、耳で聞く言葉」であるのに対し、手話は「手や指などを動かして、目で見る言葉」だといえます。

手話の特徴

手話は、ただ身ぶり手ぶりであらわすというものではなく、たくさんの単語を手話独自の文法にのっとって表現しています。

手話の単語には、さまざまな表現のしかたがあります。たとえば、「食べる」という手話は、はしをもって食べる動きをもとにしています。「牛」の手話は、牛の角の形からきていて、「田」の手話は、漢字の形をもとにしています。また、「よろしくお願いします」

手話のさまざまな表現

動きやようすから
食べる

すがたや形から
牛

漢字の形から
田

単語を組みあわせる
よい　たのむ
よろしくお願いします

対象を指さす
あれ

手話といっしょに使う表現

指で文字をあらわす
指文字
あ

指で空中に文字を書く
空書き
自分から見たむきで書く。
人

のように、2つの単語の組みあわせでべつの意味をあらわす表現もあれば、「わたし」や「あなた」、「あれ」などのように、指で対象をさす「指さし」もよく使われます。

また、質問をするときは表情やまゆ毛のよせかたでたずねたい気持ちをあらわしたり、手の動きの大きさやはやさで強調したいことをあらわしたりと、手話ならではの伝えかたがあります。

手話での表現のしかたがわからない場合や、人名や会社名などの固有のものは、指で五十音などをあらわす「指文字」を使ったり、指で空中に文字を書く「空書き」で伝えたりすることもあります。

耳の不自由な人と話そう

耳の不自由な人は、音声でしか案内がないようなとき、情報をえることができなくてこまる場合があります。そのようなとき、音声以外の方法で伝えられると、耳の不自由な人は安心することができます。

手話はひとつの言語なので、使いこなすには相応の努力が必要です。やさしい表現から少しずつおぼえて、耳の不自由な人たちと手話で話してみましょう。手話を学んでみると、話し言葉とはまたちがう表現のゆたかさがあることにも、きっと気がつくはずです。

手話をじょうずに伝えるポイント

手話は、おたがいのすがたをしっかり見て話すことがたいせつです。伝えたいという気持ちや、相手を知りたいという気持ちをもって表現しましょう。

話すとき

表情
うれしいことを伝えるときはうれしい表情、かなしいことを伝えるときはかなしい表情というように、表情でも気持ちをあらわす。

口
手話と同時に、口の動きでも言葉をあらわすとよい。

手・指
相手にはっきり見えるように動かす。

話を聞くとき（見るとき）

相手をしっかり見て話を聞く。話の途中でよそ見をすると、相手は自分の話を聞いていないと感じてしまうことがある。うなずきながら相手をしっかり見て、手話を読みとろう。

あいさつをしよう

はじめに、手話_{しゅわ}のあいさつをおぼえましょう。あいさつをするときは、「朝」「昼」「夜」をあらわす手話_{しゅわ}と、「あいさつ」をあらわす手話_{しゅわ}を組みあわせます。手の動きといっしょに、「おはよう」などといった口の動きをあわせてもよいでしょう。

おはよう（朝＋あいさつ）

朝	あいさつ

こぶしをこめかみにあて、頭を少しかたむける。頭をおこすのと同時に、こぶしを下にひきさげる。

両手の人さし指を、むかいあうように立てる。人さし指の指先を、おじぎをするようにまげる。

こんにちは（昼＋あいさつ）

昼	あいさつ

人さし指と中指をそろえてのばし、ひたいの真ん中にあてる。

両手の人さし指を、むかいあうように立てる。人さし指の指先を、おじぎをするようにまげる。

こんばんは（夜＋あいさつ）

夜	あいさつ

両手の手のひらを前にむける。顔をかくすように両手をとじて、顔の前で交差させる。

両手の人さし指を、むかいあうように立てる。人さし指の指先を、おじぎをするようにまげる。

おやすみなさい　　またね　　さようなら

A 眠るしぐさ　両手をあわせ、ほおにあてて頭をかたむける。

B 眠るしぐさ　こぶしをこめかみにあて、頭をかたむける。
※A・B以外の表現もあります。

2本の指をのばして前にむけてから、半回転させて自分のほうにむける。

手のひらを前にむけて左右に何度かふる。バイバイの手の動き。

よろしくお願いします（よい＋たのむ）

よい	たのむ

こぶしを鼻にあてて、少し前にだす。

指をのばし、体を前にたおして頭をさげる。

名前を伝えよう

自分の名前を相手に伝えましょう。名前を伝えるときは、「わたし」→「名前」→「○○○○（自分の名前）」の順に表現します。自分の名前は、指文字（▶p.10〜13）を使ってあらわします。相手の名前もたずねてみましょう。

はじめまして（はじめて＋会う）

はじめて	会う

指をのばした手をひきあげながら、人さし指以外の4本の指をつまむようにまげる。

人と人が会うようす

両手の人さし指を立て、前後にむかいあわせる。人さし指同士を近づける。

わたしの名前は（わたし＋名前）

このあと名前を伝えます（右のページ）

わたし	名前（東日本）

人さし指で胸をさす。鼻をさしてもよい。

親指をハンコに見たてる

左の手のひらを前にむけ、右手の親指をあてる。

◆ ワンポイント ◆

「名前」のあらわしかたは、地域によってことなることがあります。左で紹介した手話は、おもに東日本で使われています。右の手話は、おもに西日本で使われています。

名前（西日本）

名札のイメージ

親指と人さし指で輪をつくり、左胸にあてる。

さとうまゆみです（さとう＋ま＋ゆ＋み）

さとう	指文字「ま」	指文字「ゆ」	指文字「み」

砂糖をなめるようす 手のひらを口にむけ、1、2周させる。	人さし指・中指・薬指を、あいだをはなして下にのばす。	人さし指・中指・薬指を、あいだをはなして立てる。	人さし指・中指・薬指を、あいだをはなして左にのばす。

※名字には手話のあるものがあります。手話がわからないときは、指文字であらわします。

あなたの名前はなんですか？（あなた＋名前＋なに？＋ですか）

あなた	名前（東日本）	なに？	ですか

人さし指をのばし、相手をさす。	左の手のひらを前にむけ、右手の親指をあてる。 ※西日本の手話は左のページを参照。	人さし指を立て、左右に2、3回ふる。まゆをあげ、あごをひく（質問をするときの表情）。	手のひらを上にむけ、相手にさしだして、首を少しかたむける。

もっと知りたい！ 名字のあらわしかた

手話で名字をあらわす方法には、「佐藤」のように、手話の表現があるものや、「田中」のように、「田」と「中」を組みあわせたものなど、いろいろなパターンがあります。手話のあらわしかたがわからないときは、指文字を使って伝えます。

田	中

「田」の形	「中」の形

9

指文字をおぼえよう

指文字は、日本語の五十音などを1文字ずつ、指の形や動きによってあらわしたものです。人名や地名、手話のあらわしかたがわからない言葉などに使います。指文字を使うときは、口も動かすと伝わりやすくなります。指文字以外に、空中に文字を書いて伝える「空書き」を使うこともあります。空書きは、自分から見て文字が読めるむきで書きます。

五十音の指文字

写真の●の部分は、指と指のあいだをあけるようにします。

あ　相手から／自分から
親指を左にのばす。

い　相手から／自分から
小指を立てる。

う　相手から／自分から
人さし指と中指をそろえて立てる。

え　相手から／自分から
すべての指をかるくまげる。

お　相手から／自分から
指を丸めて輪をつくる。

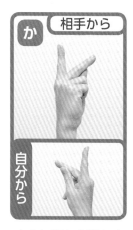
か　相手から／自分から
人さし指と中指をひらいて立て、親指を中指につける。

き　相手から／自分から
親指・中指・薬指の指先をあわせ、ほかの指を立てる。

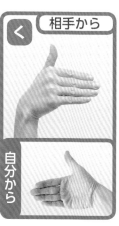
く　相手から／自分から
親指を立て、ほかの指を左にのばす。

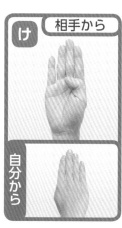
け　相手から／自分から
親指をまげ、ほかの指をそろえて立てる。

こ　相手から／自分から
親指を立て、ほかの指を直角にまげる。

 さ 相手から／自分から	こぶしをにぎる。
 し 相手から／自分から	親指を立て、人さし指と中指をのばす。
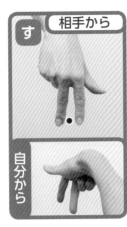 す 相手から／自分から	親指を左に、人さし指と中指は下にのばす。
 せ 相手から／自分から	中指を立てる。
 そ 相手から／自分から	人さし指で、前方ななめ下をさす。

 た 相手から／自分から	親指を立てる。
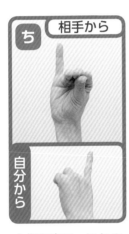 ち 相手から／自分から	小指を立て、ほかの指先をあわせる。
 つ 相手から／自分から	小指と薬指を立て、ほかの3本の指先をあわせる。
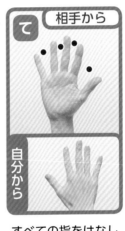 て 相手から／自分から	すべての指をはなしてのばす。
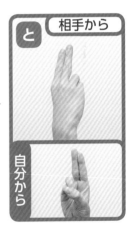 と 相手から／自分から	人さし指と中指をそろえて立てる。

 な 相手から／自分から	人さし指と中指をはなして下にのばす。
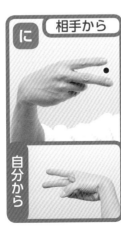 に 相手から／自分から	人さし指と中指をはなして左にのばす。
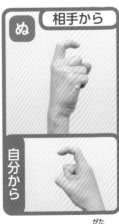 ぬ 相手から／自分から	人さし指をカギ型にまげる。
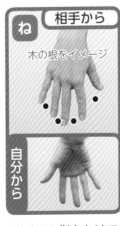 ね 相手から／自分から（木の根をイメージ）	すべての指をあけて下にのばす。
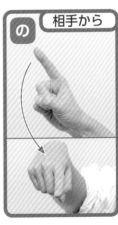 の 相手から	人さし指でカタカナの「ノ」を空書きする。

は 相手から / 自分から	ひ 相手から / 自分から	ふ 相手から / 自分から	へ 相手から / 自分から	ほ 相手から / 自分から

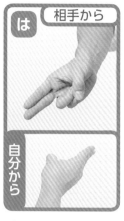    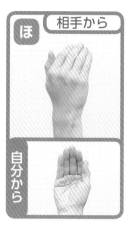

| 人さし指と中指をそろえて、ななめ下にのばす。 | 人さし指を立てる。 | 親指を左、人さし指を下にのばす。 | 親指と小指を下にのばし、「へ」の形にする。 | すべての指を上にむけ、手のひらを少し丸める。 |

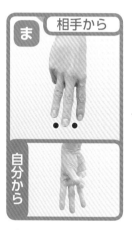 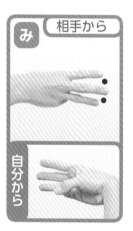 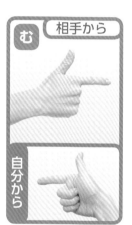 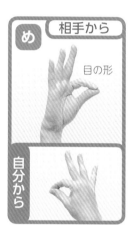 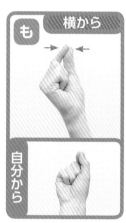

ま 相手から / 自分から　み 相手から / 自分から　む 相手から / 自分から　め 相手から / 自分から　目の形　も 横から / 自分から

| 人さし指・中指・薬指をはなして下にのばす。 | 人さし指・中指・薬指をはなして左にのばす。 | 親指を立て、人さし指を左にのばす。 | 親指と人さし指をあわせて輪（わ）をつくり、ほかの指を立てる。 | 親指と人さし指をのばした状態（じょうたい）から、指先をあわせる。 |

  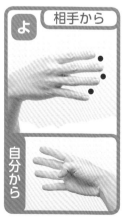

や 相手から　Ｙ（ワイ）のイメージ / 自分から　ゆ 相手から / 自分から　よ 相手から / 自分から

| 親指と小指を立ててのばす。 | 人さし指・中指・薬指をはなして立てる。 | 親指をまげ、ほかの指をはなして左にのばす。 |

濁音（だくおん）

が

指文字（ゆびもじ）の「か」をつくり、自分から見て右に動かす。「ぎ・ぐ・げ・ご」もおなじように、「き・く・け・こ」をつくり、右に動かす。

相手から ら

自分から

中指の腹に人さし指の背をつける。

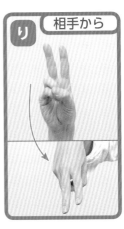

相手から り

人さし指と中指をのばした状態から、左下へおろす。

相手から る

自分から

親指・人さし指・中指をはなして立てる。

相手から れ

Lのイメージ

自分から

親指を左にむけ、人さし指を立てる。

相手から ろ

自分から

人さし指と中指をそろえて少しまげる。

相手から わ

自分から

人さし指、中指、薬指をひらいて立てる。

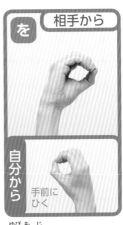

相手から を

自分から

手前にひく

指文字の「お」をつくり、自分のほうに少しひく。

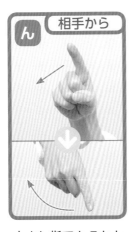

相手から ん

人さし指でカタカナの「ン」を空書きする。

指文字で名前をあらわそう

ゆ　う　た
さ　つ　き

※相手から見たもの。

半濁音

ぱ

指文字の「は」をつくり、上にあげる。「ぴ・ぷ・ぺ・ぽ」もおなじように、「ひ・ふ・へ・ほ」をつくり、上にあげる。

促音(小さい「つ」)・拗音(小さい「や」)

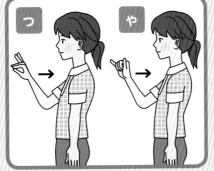

つ　や

指文字の「つ」、「や」をつくり、体にひきつける。「ゅ・ょ」もおなじように、「ゆ・よ」をつくり、体にひきつける。

長音(のばす音)

ー　たて書き

人さし指でたて書きの長音「ー」を空書きする。

数字をあらわそう

数字は、右のページのようにあらわします。ここでは、自分の年齢（ねんれい）や学年の伝（つた）えかたをおぼえましょう。2けた以上（いじょう）の場合は、大きい位（くらい）の数字からあらわします。

わたしは9歳（さい）です （わたし＋年齢（ねんれい）＋9）

わたし	年齢（ねんれい）		9

人さし指で胸（むね）をさす。鼻をさしてもよい。	指をのばした右手をあごの下につけ、親指から順（じゅん）におってにぎる。		親指を立て、ほかの指を左にのばす。

小学三年生です （小＋三＋学生）

小	三	学生	

左手の人さし指を立て、右手の人さし指と中指ではさむ。	数字の「3」をつくり、手の甲（こう）を相手にむけて横にする。	右手を右肩（みぎかた）のほうに、左手を下のほうにむけてから、左手を左肩（ひだりかた）、右手を下のほうに動かして、こぶしをにぎる。	

※一年～四年は、数字「1」～「4」をつくり、手のひら側（がわ）を自分にむけて横にします。この形で漢数字をあらわします。五年と六年は、数字の「5」と「6」をそのまま表現（ひょうげん）します。

数字のあらわしかた

このページの写真は、すべて相手側から見たものです。
写真の●の部分は、指と指のあいだをあけるようにします。

「お」とおなじ

指を丸めて輪をつくる。

「ひ」とおなじ

人さし指を立てる。

人さし指と中指をはなして立てる。

「わ」とおなじ

人さし指・中指・薬指をはなして立てる。

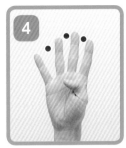

4本の指をはなして立てる。

「あ」とおなじ

親指を左にのばす。

「む」とおなじ

親指を立て、人さし指を左にのばす。

「し」とおなじ

親指を立て、人さし指と中指をのばす。

親指を立て、3本の指をはなしてのばす。

「く」とおなじ

親指を立て、ほかの指を左にのばす。

人さし指を立てたあと、指先をまげる。

「10」のあと、「1」をつくる。

12〜19もおなじように、「10」のあと、「2〜9」をつくる。また、135などであれば、「100」のあと、「30」「5」とつづける。

人さし指と中指を立てたあと、指先をまげる。

3本の指を立てたあと、指先をまげる。

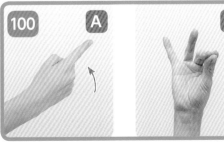

人さし指をのばし、下から上へあげる。

親指・人さし指・中指をあわせ、ほかの指を立てる。

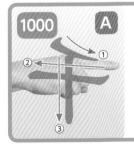

人さし指で漢字の「千」を空書きする。

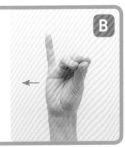

小指を立て、ほかの指をあわせて、右に少し動かす。

親指とほかの指をひらいたあと、すべての指先をあわせる。

いろいろなうけこたえ

「はい」「いいえ」などの返事や、相手の話を聞くときのあいづちなど、会話のときに使ううけこたえをおぼえましょう。「はい」は、うなずくしぐさや、OKのサインなどでも伝わります。「いいえ」は、首を横にふったり、指で×をつくったりするのでもかまいません。

はい

うなずく
イメージ

こぶしをあげて、手首をうなずくようにかたむける。いっしょにうなずいてもよい。

いいえ

指を上にのばし、左右にふる。首もいっしょに横にふるとよい。

いいですよ

小指の指先で、あごに1、2回ふれる。

わかりました

手のひらで、胸を上から下へなでおろす。手のひらで胸をポンポンとたたく表現もある。

わかりません

右手の4本の指を右肩の少し下につける。肩の上のほうへ2回、指先ではらいあげ、首もいっしょに横にふる。　※西日本では、指先を上から下へ動かすこともあります。

できます

右手の親指を立て、ほかの指先をかるくまげて、左肩(ひだりかた)につける。手を右に動かし、右肩(みぎかた)につける。

できません

親指と人さし指で、ほおをつまむ。そのまま手首をまわして、ほおをつねるしぐさをする。

もう一度お願(ねが)い

もう一度 / たのむ

人さし指であごをさしたあと、前にはなす。

指をのばして前にたおし、いっしょに頭をさげる。

へー

手のひらを顔にむけて、そのまますばやく首もとまでふりおろす。

おなじです

おなじである人や物にむけて両手をさしだし、親指と人さし指を上にむけ、指先をつける、はなすを2回くりかえす。

ちがいます

両手の親指と人さし指をのばしてむかいあわせ、たがいちがいに半回転させる。同時に首を横にふることもある。

17

家族を紹介しよう

父や母、きょうだいなど、自分の家族を手話で紹介してみましょう。家族のあらわしかたは、右のページの単語を参考にしてください。家族をあらわす手話は、いくつかのきまりを知っておくとおぼえやすくなります。

わたしは四人家族です（わたし＋家族＋四人）

わたし	家族		「四」と「人」

人さし指で胸をさす。鼻をさしてもよい。

左手をななめにかまえ、その下に親指と小指を立てた右手をおく。右手の手首を回転させ、手のひら側を相手に見せる。

左手の親指をまげて、4本の指をのばす（漢数字の四）。右手で「人」を空書きする。

※数字の「1〜4」は、手の甲を相手にむけて「漢数字」をあらわすこともあります（p.14を参照）。

わたしには姉がいます（わたし＋姉＋いる）

わたし	姉		いる

人さし指で胸をさす。鼻をさしてもよい。

小指を立て、顔の横まであげる。

両手のこぶしを少しさげる。

家族をあらわす手話

父、母、祖父、祖母をあらわす手話は、人さし指をほおにつける動作からはじめます。親指や中指で男性、小指で女性をあらわします。手を上にあげると年上、下にさげると年下の意味になります。

| 父 | 母 | 祖父 | 祖母 |

人さし指をほおにつけてから、親指を立てる。

人さし指をほおにつけてから、小指を立てる。

人さし指をほおにつけてから、親指をまげる。

人さし指をほおにつけてから、小指をまげる。

| 兄 | 姉 | 弟 | 妹 |

中指を立て、顔の横まであげる。

小指を立て、顔の横まであげる。

中指を立て、胸までさげる。

小指を立て、胸までさげる。

性格について話そう

家族や友だちなど、身近な人の性格や特徴について話してみましょう。まじめな人を紹介するときは真剣な表情、おもしろい人を紹介するときは楽しげな表情で伝えるなど、手話にあわせて表情ゆたかに表現しましょう。

わたしの母はやさしい（わたし＋母＋やさしい）

わたし	母	やさしい

心がやわらかく、広いことをあらわす

人さし指で胸をさす。鼻をさしてもよい。

人さし指をほおにつけてから、小指を立てる。

両手の指を胸の前で、とじひらきする。

兄はとてもおもしろい（兄＋とても＋おもしろい）

兄	とても	おもしろい

指文字「む」

中指を立て、顔の横まであげる。

右手の親指と人さし指をのばし、左胸のあたりにもっていく。左から右へ弧をえがくように右手を動かす。

こぶしの小指側で、脇腹を2、3回たたく。両手でたたく場合もある。

性格をあらわす手話

性格をあらわす手話をおぼえましょう。手話では、手の動きで性格の程度を伝えることもできます。程度が強いときは手の動きを大きくし、弱いときは動きを小さくします。手の動きにあわせて表情にも気持ちをこめると、さらによく伝わります。

明るい

親指と人さし指をつまみ、ひたいの前で指をひらきながら、前にだす。

おしゃべり

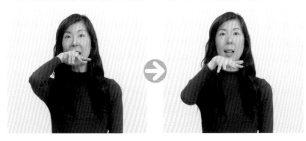

口の前で手のひらを下にむける。手を前につきだす。

おとなしい

人さし指をくちびるにあてる。胸の前で、両方の手のひらを上にむける。おなかの前まで両手をおろす。

まじめ

両手の人さし指と親指をそれぞれあわせてほかの指はにぎり、おなかの前において、右手をひきあげる。

たくましい

両手でこぶしをつくり、力をこめてひじをまげる。片手でやってもよい。

おしゃれ

右手の指をのばし、左肩に近づける。指先で2回、服のほこりをはらうしぐさをする。

かわいい

相手が女性の場合は小指を立て、男性の場合は親指を立てる

左手の小指か親指を立て、右手でなでる動作をする。

学校のことを話そう

教科に関する手話をおぼえて、自分の得意な教科や、苦手な教科について話してみましょう。また、行事や学校内の設備についての単語を使って、学校のことをいろいろ話してみましょう。

わたしは国語が得意です（わたし＋国語＋得意）

わたし	国語	得意

人さし指で胸をさす。鼻をさしてもよい。	両手の親指を立てる。肩の前で1回、おなかの前で1回、ポスターをおしピンでとめるような動きをする。	親指と小指をのばす。親指を鼻に近づけたあと、前にだす。

わたしは算数が苦手です（わたし＋算数＋苦手）

わたし	算数	苦手

人さし指で胸をさす。鼻をさしてもよい。	両手の甲を前にむけて、3本の指をのばす。小指同士をつける、はなすを2回くりかえす。	指先で、かるく鼻にふれる。

学校に関する手話①

学校のことを話そう

理科

両手の指を丸めて輪をつくる。輪に水をそそぐ動きを交互におこなう。

音楽

両手の人さし指をのばして、タクト（指揮棒）をふるように左右にふる。

体育

両手でこぶしをつくり、胸の前にかまえる。こぶしを2回、前後させる。

小学校

左手の人さし指を立て、右手の人さし指と中指ではさむ。両手のひらを自分にむけて2回、上下させる。

社会

両手の親指と小指をのばす。小指同士をつけたあと、手首をひねって親指同士をつける。

図画工作

指をのばし、左の手のひらと右手の甲を2回あてたあと、こぶしを2回ぶつけあう。

英語

人さし指と中指をのばし、指であごの左から右までなぞる。

中学校

左手の人さし指と親指を横にのばし、右手の人さし指をかさねる。両手のひらを自分にむけて2回、上下させる。

23

給食はおいしいね （給食＋おいしい）

給食

2本の指をのばし、ひたいにあてる。上にむけた左の手のひらから、右手の人さし指と中指を口もとへはこぶ。「昼食」もおなじ手話。

おいしい

手のひらをほおにかるくあてる。

手のひらであごを左から右へなでる。

運動会がんばって！ （運動会＋がんばって！）

運動会

両手のこぶしを胸の前で前後させる。両手の指先をつけ、ななめにひきさげる。

がんばって！

両ひじをはり、胸の前でこぶしをむかいあわせる。両手を2回、おなかの前まで力強くさげる。

好きな授業はなに？ （授業＋好き＋なに？）

授業

両手のひらを自分にむけて2回、上下させる。

好き

あごの下で親指と人さし指をひらき、とじながら胸までさげる。

なに？

人さし指を立て、左右に2、3回ふる。まゆをあげ、あごをひく。

学校に関する手話②

教室

横にむけた人さし指を前方ななめ下に2回ふる。両手のひらを前後において自分にむけたあと、左右にむかいあわせる。

図書室

あわせた両手をひらく。両手のひらを前後において自分にむけたあと、左右にむかいあわせる。

運動場

親指をのばした両手を前後させる。右手の指を少しまげ、かるくおしさげる。

体育館

両手のこぶしを胸の前で前後させる。両手のひらをむかいあわせてひきあげ、水平にしてあわせる。

宿題

両手の指先をつけて家の形をあらわす。左の手はそのままで、右手で字を書く動きをする。

テスト

両手の親指を胸の前に立てる。両手を交互に2回、上下させる。

夏休み

うちわをもつように指をかるくにぎり、首もとをあおぐ動きをする。両手のひらを下にむけてあわせる、はなすを体の左側と右側で1回ずつくりかえす。

冬休み

両手でこぶしをつくり、ふるえる動きをする。両手のひらを下にむけてあわせる、はなすを体の左側と右側で1回ずつくりかえす。

学校のことを話そう

25

たずねてみよう

「いつ？」「どこで？」といった質問をするときの手話を紹介します。質問するときは、まゆをあげたり、あごを少しひいたりして、表情もつけて疑問の気持ちを伝えます。

あれはなに？

あれ	なに？

人さし指で、対象を指さす。

人さし指を立て、左右に2、3回ふる。まゆをあげ、あごをひく。

あの人はだれ？

あの人	だれ？

人さし指で、相手を指さす。

指4本の背をほおにあて、こするように2回、前後に動かす。

駅はどこ？（駅＋どこ？）

駅	どこ？

場所　なに？

左の手のひらを上にむけ、右手の親指と人さし指ではさむ。

指を下にむけてかるくおしさげる。人さし指を左右に2回ふり、頭をかたむける。

どちら？

両手の人さし指を立て、左右交互に2回ずつ指を上げ下げする。

誕生日はいつ？（誕生＋いつ？）

誕生

生まれる
イメージ

こぶしを腰のあたりでかるくにぎり、指先をひらきながら両手を前にむけておしだす。

いつ？

胸の前で手を上下にして、指を広げる。両手とも同時に、親指から順に5本の指をおってにぎる。

おくれたのはなぜ？（おくれる＋なぜ？）

おくれる

指をのばした左手の甲に、右手の小指側を下にしてのせる。左手はそのままで、右手を前におしだす。

なぜ？

指をのばした左手の下に、右手の人さし指をのばす。そこから右手を前に2回おしだす。

なにか手伝いましょうか？（手伝う＋必要＋なに？）

手伝う

左手の親指を立て、右の手のひらを前にむける。左手の親指の背に2回、右手をあてる。

必要

両手の4本の指をくの字にまげ、体のほうに強く1回、ひきよせる。

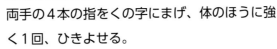

※この「手伝う」は、自分から手伝う場合の表現です。手伝ってもらう場合の表現はp.28を参照。

なに？

人さし指を立て、左右に2、3回ふる。まゆをあげ、あごをひく。

27

気持ちを伝えよう

楽しい気持ちや感謝の気持ちを伝えましょう。手の動きの大きさやはやさで、伝えたい気持ちに強弱をつけることができます。感情や気持ちを強調したいときは大きい動きで、おさえたいときは小さい動きで表現しましょう。

会えてうれしい（会う＋うれしい）

会う	うれしい

両手の人さし指を立て、むかいあわせる。2本の人さし指を近づける。

両手の指を胸にむけてかるくまげ、交互に上下に動かす。

手伝ってくれてありがとう（手伝う＋ありがとう）

手伝う（手伝ってもらう）	ありがとう

親指を立ててにぎった左手の甲に、右の手のひらを2回、かるくあてる。

手のひらを下にむけた左手の甲に、小指を下にした右手をあてる。右手をあげながら、頭をさげる。

※この「手伝う」は、手伝ってもらう場合の表現です。自分から手伝う場合の表現はp.27を参照。

気持ちをあらわす手話

怒る（おこる）

おなかの前で、両手の指をかるくまげる。両手を胸（むね）の前までひきあげる。

おどろく

右手の人さし指と中指をかるくまげて左の手のひらにあて、すぐにひきあげる。

本当です / 本当ですか？

本当です　　　本当ですか？

右の手のひらを左にむけて立て、あごに2回あてる。
※表情（ひょうじょう）のちがいで意味がかわります。

ごめんなさい（すみません）

つまんだ人さし指と親指をひたいにつける。右手をひらき、前にだしながら、頭をさげる。

かなしい

目の下で親指と人さし指をつまむ。ほおにそって手をさげ、涙（なみだ）が落ちる動きをする。

がっかり

肩（かた）の前あたりで、手のひらを上にむけて両手の指をひらく。肩（かた）を落とし、指先をとじながらひきさげる。

うそです / うそでしょ !?

うそです　　　うそでしょ !?

右手の人さし指を少しまげ、ほおに2回、かるくふれる。
※表情（ひょうじょう）のちがいで意味がかわります。

おめでとう

両手の指先を上にむけてつまむ。指をパッとひらきながら、胸（むね）の上あたりまで手をあげる。

29

好きなことを話そう

自己紹介をするとき、名前や年齢のほかに、何か話がはずむような話題をくわえてみましょう。たとえば、趣味や食べ物など、自分の好きなものや興味のあることについて話してみると、もっとなかよくなれるかもしれません。

趣味は水泳です（趣味＋水泳）

趣味		水泳	

顔の横で手をひらく。手をとじながら、あごの前までもっていく。

指をチョキにし、バタ足のようにして、左から右へひいていく。

好きな食べ物はおすしです（好き＋食べる＋なに？＋おすし）

好き	食べる	なに？	おすし

すしをにぎるしぐさ

あごの下でひらいた2本の指を、とじながら胸までさげる。

右手の2本の指を、左の手のひらから口もとまで、2回もっていく。

人さし指を立て、顔の横で左右に2、3回ふる。まゆをあげ、あごをひく。

右手の人さし指と中指で、くぼませた左の手のひらをたたく。

趣味や食べ物をあらわす手話

野球

両手でにぎったバットを、右から左へふるように動かす。

サッカー

ボール
足
けるしぐさ

左手の指を丸めてボールに見たてる。右手の人さし指と中指で、ボールをける動作をする。

読書

本　読む

両手を本に見たて、あわせていた手をひらく。人さし指と中指で、字を読むようにたてに数回なぞる。

ピアノ

ピアノをひくように両手を左右に動かす。

テレビゲーム

コントローラーのイメージ

両手の親指で、ボタンをおす動作を数回する。

ラーメン

※指の形は左下の写真を参照

右手で指文字の「ら」をつくり、左の手のひらから口もとまで2回もっていく。

カレーライス

顔をしかめて「からい」をあらわす

※指の形は左下の写真を参照

右手の指先をまげ、口の前でまわす。人さし指と親指でつくったスプーンを、口もとまでもっていく。

「ラーメン」の指の形。
指文字「ら」。

「カレーライス」の指の形。
スプーンをもつしぐさ。

おやつ

親指と人さし指をひらいて、口もとに2回近づける。

ハンバーガー

両手でもったハンバーガーを、口まではこぶように動かす。

予定や出来事を話そう

過去にあった出来事や、先の予定について話してみましょう。手話では、指を自分の体のうしろにふると「過去」、前にふると「未来」をあらわします。数字をつくって、うしろにふると「○日前」、前にふると「○日後」になります。

きのうは宿題をしました（きのう＋宿題＋した）

きのう	宿題	した

人さし指を顔の横に立て、指先をうしろにふる。

両手の指先をつけて家の形をあらわす。左手はそのままで、右手で字を書くしぐさをする。

左右同時におろす

両手のひらを上にむけてひらき、指をとじながら下にひきさげる。

きょうは公園に行きます（きょう＋公園＋行く）

きょう	公園	行く

手のひらを下にむけ、おさえる動きを2回する。

左手の人さし指をななめ上にむけ、右手の指先をまげて下におろす。

下のほうにむけた人さし指を、前方にさっとふる。

あしたは映画を見ます（あした＋映画＋見る）

あした

人さし指を顔の横に立て、指先を前にふる。

映画
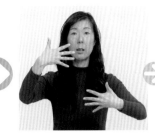
両手の指をひらき、手の甲を前にむけて、交互に上下させる。

見る

2本の指で目の形をつくり、前にだす。

日・週・月 に関する手話

　過去や未来をあらわすいろいろな手話を紹介します。数字の「2」のあとに「1週間」を表現すると「2週間」になります。数字の「7」をうしろにふると「1週間前（先週）」、前にふると「1週間後（来週）」になります。

1日

右手の人さし指を立て、左胸にあてる。そのまま左から右へ、胸の前で弧をえがくように動かす。

あさって（2日後）

前にふって未来を表現

人さし指と中指を顔の横で立て、前方にふる。

おととい（2日前）

うしろにふって過去を表現

人さし指と中指を顔の横で立て、うしろにふる。

1週間

左肩の前で、数字の「7」をつくる。そのまま左から右へ、胸の前で弧をえがくように動かす。

1か月

人さし指をほおにあてる。ほおからはなし、人さし指を前にだす。

天気について話そう

天気や気候についての手話をおぼえましょう。右のページを見て、きょうの天気を手話で伝えてみてください。「雨」や「風」の表現の動きを大きくすると、「大雨」や「強風」になります。伝えるときは、大雨や強風のたいへんさを表情でもあらわします。

きょうはいい天気です （きょう＋天気＋よい）

きょう	天気	よい

手のひらを下にむけ、おさえる動きを2回する。

右手の指をのばし、左肩の上あたりでかまえる。空にむけて左から右へ、大きく動かす。

こぶしを鼻にあて、少し前にだす。

外は暑いです （外＋暑い）

外	暑い

両手の指先をつけて家の形をあらわす。左手はそのままで、右手の人さし指で外があるほうをさす。

うちわをもつように指をかるくにぎり、首もとをあおぐ動きをする。

天気をあらわす手話

晴れ

左右の手のひらを前にむけて交差させる。両手を大きく左右に広げる。

雨

両手をあげて、指先を下にむける。両手を胸の前まで2回おろす。

風

両手のひらを前にむけ、右上にあげる。両手を左下へ、すばやくおろす。

あたたかい

両手のひらをおなかにむけて、胸のほうにあげるような動きをくりかえす。

くもり

左右の手のひらをむかいあわせる。右手と左手を、それぞれ空中に円をえがくように動かす。

雪

雪がふるようす

顔の前あたりで、人さし指と親指で輪をつくる。上から下にひらひらおろす。

台風

両手のひらを前にむけ、右上から左下へ手をまわしながらすばやくおろす。これを2回くりかえす。

すずしい

両手のひらで、前から顔のほうに、あおぐような動きをくりかえす。

行為をあらわす手話

さまざまな行為をあらわす手話を紹介します。手話では、手を動かす方向を逆にすると、反対の意味になるものがあります。「おぼえる」と「わすれる」、「買う」と「売る」など、動きの方向によって意味が逆になるものに注意しましょう。

言う

人さし指を口もとに立てる。口もとから少し前にだす。

聞く

聞く（自分が）　　　聞こえる

手のひらを耳にあてる。　　人さし指で耳をさし、少し動かす。

笑う

ほおの横で指をとじひらきしながら、にこにこする。

泣く

両手の4本の指をかるくまげ、目もとで左右に動かして泣く動きをする。片手でしてもよい。

思う

人さし指をこめかみにあて、頭を少しかたむける。

約束する

胸の前で、両手の小指同士をからませる。

歩く

人さし指と中指を下にむける。2本の指を足に見たて、交互に歩くようにして左へ動かす。

おぼえる

指をのばした手を頭のななめ上にあげる。指をにぎり、こめかみまでひきさげる。

わすれる

頭の横にこぶしをあて、指をひらきながら、ななめ上にあげる。

買う

お金のイメージ

右手の親指と人さし指で輪をつくり、左の手のひらを上にむける。右手を前にだしながら、左手をひく。

売る

お金のイメージ

右手の親指と人さし指で輪をつくり、左の手のひらを上にむける。右手をひきながら、左手を前にだす。

変わる（変化する）

手の甲を前にむけ、両手を広げる。両手を体の前で交差させる。

代わる（交代する）

人さし指を立てた両手を体の前で交差させ、右手と左手をそのままいれかえる。

電話をかける

昔の表現　　今の表現

左はダイヤル式の電話が使われていたころの手話。右はスマートフォンを使って電話をかける表現。

食べたい（「～したい」の表現）

食べる　　好き

「食べる」などの行為をあらわす手話と「好き」の手話で、「○○したい」の意味になる。「好き」を少し強めに表現する。

友だちになろう

耳の不自由な人に、手話で話しかけてみましょう。少しずつ手話が伝わるようになれば、自信がついてきます。自分の手もとだけでなく、相手のほうをしっかり見て、言葉を伝えましょう。

いっしょに遊ぼう（いっしょ＋遊ぶ）

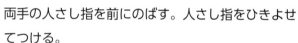

いっしょ	遊ぶ

両手の人さし指を前にのばす。人さし指をひきよせてつける。

両手の人さし指を上にむけ、顔の横にあげる。左右の指を交互に、前後に2回ふる。

手話をしよう（手話＋する）

手話	する

両手の人さし指をのばす。人さし指を交互に前回転させる。

両手でにぎりこぶしをつくり、ひじを左右にはる。両ひじをのばしながら、手を前におしだす。

さくいん

監修　公益社団法人東京聴覚障害者総合支援機構　**東京都聴覚障害者連盟**

東京都に在住する聴覚障害者の生活・文化・教育の水準の向上を図るとともに、聴覚障害者に対する理解を広め、一般社会への参加を促進し、福祉の増進に寄与することを目的として昭和26年に設立。事業内容は聴覚障害者の生活問題に関する相談及び指導事業、聴覚障害者の福祉に関する研究調査事業など多岐にわたる。

編　　集	ワン・ステップ
デザイン	チャダル
写真撮影	割田富士男
イラスト	タカイチ
データ作成	中原武士
撮影協力	東京都聴覚障害者連盟

楽しくおぼえよう！ はじめての手話と点字

手話 目で見る言葉

2020年2月　初版発行　　　　2024年4月　第4刷発行

監　修	東京都聴覚障害者連盟
発行所	株式会社 金の星社
	〒111-0056 東京都台東区小島 1-4-3
	電話　03-3861-1861 (代表)
	FAX　03-3861-1507
	振替　00100-0-64678
	ホームページ　https://www.kinnohoshi.co.jp
印刷・製本	図書印刷株式会社

NDC369 40p. 28.7cm ISBN978-4-323-05371-4

楽しくおぼえよう！ はじめての手話と点字

全3巻

「手話」や「点字」の基本がわかる、小・中学生のための入門シリーズです。わかりやすく、楽しく、手話や点字の使いかたがおぼえられます。耳や目の不自由な人たちのことについても、くわしく伝えます。

NDC369　A4変型判

図書館用堅牢製本

手話　目で見る言葉

監修：東京都聴覚障害者連盟　40ページ

「手話」は、耳が聞こえなくても使える言葉です。基本のあいさつから自己紹介、天気の話や学校の話、好きなものの話など、小・中学生が日常会話で使いやすい手話を掲載しています。豊富な写真解説で、手話の表現方法がしっかりわかります。

点字　さわる文字

監修：日本点字図書館　32ページ

「点字」は、目が見えなくても使える文字です。かな文字や数字、アルファベット、記号などのあらわしかたをはじめ、読むときや書くときのきまりがくわしくわかります。「点字クイズ」もまじえて、点字の読みかたが楽しくおぼえられます。

さわっておぼえる点字シートつき

耳と目の障害を知ろう

監修：東京都聴覚障害者連盟、日本点字図書館　40ページ

耳や目に障害があるということについて、わかりやすく解説しています。耳の不自由な人や目の不自由な人のくらしかた、まわりの人の手助けが必要な場面や、お手伝いするときの方法についても、具体的に伝えます。

指文字一覧表